mes

ÉTRENNES

TOURQUENNOISES

ET LILLOISES.

HUITIÈME ÉTRENNES *TOURQUENNOISES*,

OU

RECUEIL DE CHANSONS

FACÉTIEUSES ET PLAISANTES,

Par feu F. DE COTTIGNIES, dit *Brûle-Maison*, et autres;

SUIVI

De l'histoire de *Jean-Querloffe Berdin*, fils de *Jacques*, jardinier des Ursulines de Tourcoing.

A TOURCOING,

ET SE TROUVE A LILLE,

Chez VANACKERE, Libraire-Editeur.

L'ORGUE AUX CHATS.

En patois de Tourcoing ,(*).

Air : Noté N.° 1 , 5.me Recueil

QUIANTONS d'un Tourquenois,
Unne histoire nouvelle ;
Non jamè de lilois
Ne da fé de pu belle ,
Y a voulu , on l' prouvera ,
Jué des orgues aveu des cats.

Unne fiette au matin
A Tournai un le menne ,

(*) *Cette chanson est déjà imprimée en tête du premier recueil , mais comme elle est incomplète et qu'il y manque cinq couplets , nous avons cru devoir la donner en entier dans ce nouveau recueil.*

A l'abby de St. Martin
Vende des becachaines ;
Quant un a eu tout acaté,
A ouï l'sorgue chifflote.

Les grosses fageoient bou, bou,
Et les petites tire lire,
Le Tourquenois desous
Pu en pu il admire !
Les moyennes orgues à leu tour,
Tems-en-tems fageoient tourelour.

Le Tourquenois, tout bas,
Demandit à Catelaine,
Aveu quoi fé t'on cha ?
Acout' quement qui waine!
Elle y a répondu tout bas,
Ches busiaux sont remplis de cats.

Je m'en doutois di ty !
Pu en pu y s'enfenouille :
Accoute en pau Marie
Comme chela berdoulle !
L'un waine haut, et l'autre bas,
Et l'autre waine la u.la.

Revenant à Tourcoing
Che même jour de fiette,

Busiant sur che point,
Y se mit dewen l' tiette,
Après avoir ouï chela,
De faire d'sorgue aveu des cats.

Au soir et au matin,
Y vas de plache en plache,
Les cats de ses vigins,
Les attrapper au liache:
Et y n'davoit ben deux cartron,
Pour faire che biau carillon.

Il avoit deven s' majon,
Unne vieille écasse d'osil,
Il a mis den le quénon,
Tous ches biaux cats habile:
Mettant les plus gros les premiers,
Et les plus petits les derniers.

Y avoit un gros matou
Qui n'étoit jamè lasse;
L'a mit tout l' premier d'tout,
Pour tan mieu faire l' basse;
Et les a tout enclos dewen,
Ches povres cats grainnoient des
dents!

Tout comme un batteleu,
S'accomodant en ordre,

Les loyant par leu queu ,
Pendit au bout des cordes :
Des poises comme on voit drola,
Pour tan mieu faire wainié chés
cats.

Au mitant tout de bon ,
Y se mit en posture ,
Aveuque un gros baton ,
Y batoit le mesure ,
Sus les queux de ches povres cats ,
L'un wainnioit haut, et l'autre bas.

Tarois dit tout de bon
Qui juoit du timbale,
Ils fageoient mion,mion, mion,
En criant comme un diale !
Et pour mieux attrapper le ton ,
Tems-en-tems tapoit du baton.

Sen fieu se mit deven ,
D'unne fachon nouvielle.
Y pinchoit de tems-en-tems ,
Ches cats aveu d' s'ettenielle.
A leu pates et à leu groins ,
Jamé comme ches cats grainnioins.

La , sol , fa , mi , re , ut ,
Criant à leux oreilles :

Tous les vigins réus ,
D'un té bruit sans pareille ,
Dewen l'mageon sont accourus ,
Pensant que tout étoit en fu.

Ayant reconnus leus cats
Enclos dewen che l'écasse ,
Aussitôt gros Colas
Pren un baton et passe ,
Ché ty qui fé morir nos cats ,
Attens men dial te n'dara.

Sans entende les raigeons ,
Qui voloit jué de s'orgues ;
Ont pris des gros batons ,
Tout en fageant des morgues ;
Sus le dos du povre luron ,
Ont jué des orgues à fachon.

Ils l'on battu si plat ,
Qui l'ont laichié pour mort :
Après ont pris leus cats ,
Digeant reven encore !
De te panche nous ferons un soufflé,
Nous jurons d'sorgue aveu ten né.

LE SAINT HOMME
DE CURÉ.

En patois de Tourcoing.

Air : *Madelon sen vat à Rome.*

Noté N.° 1.

MICHAUD et le gros Colas,
En r'venant de pourmené ;
De long y on vu unne femme
Aveuque monsieur le curé,
Ah mon dieu ! queul honnête
homme
Queu St. homme de curé!

De long y ont vu, etc.
Muchons nous derrière che l'arbre,
Pour tant mieux les ravisée.
Ah mon dieu, etc.

Muchons nous, etc.
Y ont vus qui s'en daloient
Tout drot deven un vert pré,
Ah mon dieu, etc.

Y ont vu , etc.
Elle l'y fageot douche maine,
Il le rewettioit de côté !
Ah mon dieu , etc.

Elle l'y fageot douche , etc.
Il a mis la sen gros livre ,
Sen capiau et sen colet ,
Ah mon dieu , etc.

Il a mis la , etc.
Dime en pau chin qui va faire ,
Esche qui va batte du blé?
Ah mon dieu , etc.

Dime en pau , etc.
Y se sont assis su l'hierbe ,
Après y z'ont devisé ,
Ah mon dieu , etc.

Y se sont assis , etc.
Quoiche qu'un dirot qui chuchiel-
lent ,
Esche qui ditent leu capelé?
Ah mon dieu , etc.

Quoiche qu'un dirot , etc.
Wette un pau comme y s'torténe ,
Et comme y tape des pieds !
Ah mon dieu , etc.

Wette un pau, etc.
Comme il hochaine se tiette,
Et comme il est écauffé!
Ah mon dieu, etc.

Comme il hochaine, etc.
Un dirot qui sont berloux,
Comme y z'on les yeux tournés!
Ah mon dieu, etc.

Un dirot qui, etc.
Le curé wettiot par tierre,
Et le fille dans les nuée,
Ah mon dieu, etc.

Le curé wettiot, etc.
Compère Colas ché te femme,
Je viens de vire sen né.
Ah mon dieu, etc.

Compère Colas, etc.
Noufé, noufé, ché Quertienne,
Le servante du greffié.
Ah mon dieu, etc.

Noufé, noufé, etc.
En v'rité s'rot bien me caronne
Je l' reconnos à ses guertiès!
Ah mon dieu, etc.

En v'rité s'rot ben, etc.
Aussitôt li dit Michaud,
En desrottant sen bonné,
Ah mon dieu, etc.

Aussitôt li dit, etc.
Si t'a bré pour ette wïo,
Te peu ben te rapagé.
Ah mon dieu, etc.

Si t'a bré, etc.
Veute venir au parlement,
Nous les ferons condamné,
Ah mon dieu, etc.

Veute venir, etc.
Quoiche que l' parlement dira,
En entendant chès sots plée?
Ah mon dieu, etc.

Quoiche que l' parlement, etc.
Allons putôt m' n'ami boire,
Un cras lot au cabaret.
Ah mon dieu, etc.

LE GARCHON DIFFICILE.

En patois de Lille.

Air : *Dens se basse cuigeaine.*

Noté N.° 2.

ALLONS y faut que je te marie,
Dijo Marie-Barbe à Louis,
Va t'en vir me bielle sœur ;
Sen père est riche, il y fait bon,
Il est tout gros marchand de carbon,
Tel lara, j' tel l'asseure.

Te me donne la unne bonne semaine,
Quoi mi j'épouserai chel laidaine,
Esche que te moque de my ?
Quoi ! le fille de ch' marchand d'bré-sette !
Et quand j' ly aros croqué s'nogette,
Encore j' nen vodros my.

Veute avoir chel dentelière,
Quelle à se mère cabarétière,
Au coin del rue d'Vingnette ?
Allons nous en boire à s'mason,
Nous j'teron les feves devent les
coulons,
Nous tat'ron s'a tablette.

Elle est séque tout comme unne
planque,
Cros tu qu' j'ai perdu chin qui
t'manque,
Je n'sus mi si simplot !
Sen nom n'a mi un trop bon s'naque,
Je cros que te cros que j'nai pu
d'naque.
Que j'sus un mamulot.

Ma foi te vela bien dégoûté,
Un n'sée mi par u t'atouché,
Forche que t'es doreux !
Va ten ché chelle crasse veffe,
Elle est aussi bonne que nueffe,
Fau mi ette si nacsieux.

Elle a se bouque si papennate,
Sen né est toudi suainate,
Et ses yeux sont ganiche ;

Elle a se piau toute cornate,
Et se chair est si molicate,
J' n'en veu point, Dieu vous b'niche.

Un t'en petrira unne esprè,
Tout purain bure et chuque et
euwé.
Pour chelle la elle sera broque!
Va t'en vir le fille de Driot,
Les garchons pour elle courent sot,
Y n'te manquera point de croque.

Pour de l'argent y n'men faut mi,
M'fodro unne fille coi et rassi
Sage et pleine d'honneur:
Ensanne nous arimes des enfants,
Hélas! che serot tout men passe-
temps;
Je n'veux point d'aute bonheur.

Un n'a mi des enfants tout seu,
Tout le moins y faut ette à deu,
Y faut s'mette en ménage
Mi je cros que te pense qu'un les fè
Aveuque de l'tierre de potié
Un petit cose d'aracage.

L'AMOUREUX BERNEUX.

En patois de Tourcoing.

AIR : *Me pourmenant au Vert-Touquet.*

Noté N.° 3, 5.me Recueil.

BELLE vechi le mos de mai,
Nous irons pourmené ensanne,
Nous irons tout du long de ches hayes,
Jusqu'à chel grosse choque d'anne,
Là nous nous assirons en pau,
Je te promet Jennette
Que je te cueillerai un biau houpiau
Aveuque des violettes.

Taigié, vous se moqué de mi
Vous m'faite trop honteuse,
Car j' vous ai vu au bout de no courti
Aveuque unne amoureuse,

Eh je sè ben par bonne raison
Que vous aimez Tonnette,
Ne faut nen venir à nos majon,
Pour se moquié de ches bachelette

Te peux ben croire fermement
Que j'n'aime nen Tonnette,
Car j'li aroit planté un mai
Aveu des marionnettes.
Ell' m'a l'autr' jour fé un affron
Qu'elle a tout bradé men linge,
Quanqu'elle aro chen patacon
Elle n'aroit nen de m'ninge.

D'unne main je t'nois un romarin,
De l'autre je te jure
Que j't'nois unne grosse poigni
d'étrain.
Grimpant su l'couverture,
L'peugni d'étrain sa écapée
J'ai brondelé à merveille;
J'ai queu deven unne privée,
Den l'bren jusqu'à l'z'oreille.

Me dite m'en pau men petit fieu
Navez vous nen eu peur,
Et ne vous êtes vous nen cochié
De querre d'unne tell' hauteur.

J'n'avois mi warde aparament,
J'étois mieux qu'à m'couteume
Car j'étois là plus mollement
Que deven un lit de pleume.

Par là est venu à passé
Jean-Robert men biau frère,
Y venoit de planter on mai,
Y m'ont vu al misère;
Y m'ont retiré ben et biau
Aveu l'fieu grand Toine;
Y m'ont lavé deven un purjau
M'n'habit étoit tout guane.

Vechi tous les complimens
De Jaco et Jennette,
Et de tous leux entretiens
De leux bielles amourettes;
Deven leux raisons n'y avot du sens,
Mè du sens del basse cambre
Qui couroit deven leu complimen,
Comme un queva qui va l'ambre.

CHANSON PLAISANTE,

D'un Tourquennois qui a coupé la tête à son baudet, croyant que c'étoit un loup-garou.

Air noté N.° 1.er, 4.me Recueil.

QUIANTONS unne plaisante histoire,
Tout depuis peu arrivé;
D'un Tourquennois nous faut croire,
Qui a tué sen bodé
Ly et Jacquè,
Par un mardi au soir,
Vous entendré le sujet,
Comme il l'a fé.

Che Tourquennois pour nouvelle,
Y avoit pour le chertain,
Un bodé a longue z'oreilles,
Qui maingeois si bien du foin

Et du crépin;
Du soir se réveille,
Fonce le pacieu d'étrain,
Queurre au gardin.

Che Tourquennois sans parelle,
Rev'nant de boire tout en train,
Tout quiantant la pironelle,
Aveuque sen biau cousin,
Claquant ses mains:
Al' lueur del bielle,
A vu sen bodé rondin,
Deven sen gardin.

Che Tourquennois en fourfelle,
S'est en allé tout soudain,
Courir par toutes les ruelles,
Pour avertir ses wigins,
Digeant Crépin,
Et je ne peu nen comprendre,
Si j'ai là vu un grand leu
U un chevreu!

Ses wigins tout en allarme,
A l'entendre ainsi parlé,
Sitot y ont pris les armes,
L'un a pris un euwé
L'aute un fourquié;
Criant à l'alarme!

Puis l'aute a pris un fléau,
L'aute sen coutiau.

Piro a pris un hallebarde,
Et l'autre unne éconce à s'main,
Dit y faut donné l'aubade,
Chè comme un esprit malin
Digeoit Crepin :
Ma foi y n'a mi warde
A répondu Pierre Leroux,
Chèt un leu waroux.

Il a tout l'façhon d'unne licorne
A dit Guilbert Laureigné ;
Piro dit qui n'a nen de corne,
Ch'trop plutôt un pourchiau inglé,
N'allons nen tout près
Digeoit Jean-Gringole,
Ché un tigre tout de bon
U un lyon.

Un eu dit qu'en t'noit l'halle,
Quand qu'un parloit d'un bodé ;
A dit ly même quand chetroit un diale,
Je vois querquié men mousquié
Pour le tué,
Mais justement le balle

A aderchié d'ven le trau du cu
L'a rué ju.

Courant d'un pas sans égal,
Quan qui ont venu tout près,
Il a juré par le grand diale,
Par ma foi ché men bodè
Qui est tué!
Et pour vir l'co del balle,
Y l'ont tourné desou et dessu
Et n'ont rien vu.

Che Tourquennois jure, tempête
A l'entour de sen bodé,
Et dit: J'va t'copé l'tiette
U ben t'na qua te levé,
On a parlé,
Il a pris unne apielle,
Y l'y a copé l'attriau
Comme un bouriau.

Ch'tourquenois dit à s'mequaine,
D'main y tra ben attrapé,
Quand qui ira mengié s'tranaine,
Que se tiette sera copé
Y ne porra pu mié!
Mè dime en pau Heleine,
Si en peu mieux l'attrapé!
En vérité.

LE PORTRAIT
DE LA FILLE A MARIE.

Chanson en patois de Lille.

AIR: *Pour soumettre mon âme.*

Noté N.° 3.

CHÉ le fille à Marie
A qui j'ai donné men cœur,
Ché bien lè pu jolie
Qui n'y a den tout Saint-Sauveur:
Aveuque Choise de l' rue d' Zé-
taque,
Et Catlaine del rue d'Pos,
Il ont toudy fé leu taque,
Quan qui passent par m'nouvros.

Fodroi l' vir les démainche,
Quan quel s'en va pourmené,
Quan quel a du nette linge,
Y faudroi l' vir r' quinqué:

Elle marche comme unne reine,
Den l'bédoul sans se plaqué,
Mé ché quel marcherot sans peine
Sur des euwés sans les croqué.

Quan je le vos venir,
Je vodros bien li parlé,
J'ai tant de coses à li dire,
J'su muau quan j'su tout prè:
J'sue, j'tranne et je tressaille;
J'ouve m'bouque, j'abache mes
yeux,
Si j'poros n'n'aimé un autre,
J'ne seros my si malheureux.

Elle a unne taille si faine,
Qu'un l'empogneros d'unne seule
main,
Blanque tout comme del fraine:
S'piau terlui comme du satin,
Ses bras sont comme cheu de
chire,
Qu'un mé à ches p'tits enfants,
Au bétliem qu'un va vire,
Le premier jour de l'an.

Elle a des z'yeux fendus,
Largue comme des mourmoulettes.

Ses cheveux noir et crépu ,
Sen nez point pu gros qu'unne no-
gette :
Ses jos rouge com' d' s'suwés de
paque ,
L'trau de s'bouque est si étrot
Que quan qu'elle veut rire à claque,
Es fend pu d'a vingt endrot.

Un jour den sen gardin
Jel l'ai rencontré seulette ,
Sitôt je ly ai pris s'main ,
Elle me dit va n'fé point l'biette :
M'mère est allé à vieppe ,
Et men père au cabaré ,
Si saroient que te fé l'biette ,
Y me feroient mette de côté.

Elle implorot l'Bon Dieu ,
En criant à s'en secours ,
Elle arot bien fé mieux
De t'nir à deux mains s'naicours :
En criant mon Dieu , hélas !
Comme unne fille éperdue !
Mé ché qu'elle crioit tout bas ,
Crainte qu'eun l'aro entendu.

LE ROI BOIT,

CHANSON PATOISE.

Air connu.

PAR l'jour del nuit des rots,
Tou l'vilage y étot,
Nous étimes tout prié
A un fameux soupé,
A l' mason Oveigneur,
Le censier du seigneur.

Nous étimes quarante chonq,
Mi, men père et m' n'onque;
Le curé, le servant,
Le balli, le sergent,
Sans compter les parens,
Etimes je n'sé combien de gens.

Y ni avo quatre ogeons,
Six hennettes, trois gambons,
Six tartes, six watiaux,
Tros hattes, tros plats de viau:
Del bierre tout sen so
Et du vin à gogo.

Le femme del mason
Est une femme à fachon;
Ché unne grosse mami
Qui enten ben l'lari;
Et quand ché du sérieux ,
Elle l'entend encore mieux.

Sont venu del cuigeaine
Les deux jones mesquaine ,
Et Téro et Sabette ,
Les servantes des bettes ,
Et no varlet Pirôt ,
Si sage à faire le sot.

Il ni avos père Xavier,
Carme de sen métier;
Les filles confesses , praiche ,
Pour leu salut y draiche ;
Y bo en cloant s'yeux ,
Comme un saint religieux.

Michaut dit à Jacquelaine :
Ne fé point tant l'mitaine
Pour ten pu gros péché ,
Faut point t'en confessé :
Il le connois comme ty,
Tel l'a fé aveuc ly.

Y n'y avos sen compagnon ,
Père Ladre , ché sen nom :

Ché un carme Descaud
Qui souffle le frod, le caud.
Il est toudy conten
Baille l'y chuque baille l'y b..n.

Tout-à-côté de l'y,
Etoit Monsieur Parsy:
Il est bien avanché
Den le marichaussé,
Si rauche encore d'un cren
Il devenera exemp.

Pu long étoit maite Jaques,
Le médechin d'nos vaques,
Ché un bon marichaux,
Qui s'enten bien en quevaux:
Il est aussi catreux
Au service de ches messieux.

Qui aiche qui est la si rot,
Ché l'greffier d'l'endrot:
Che n'est point un homme mol,
Pour nos biens il vole:
Il a tant de malice,
Qui épante le justice.

Sen père n'est qu'un brinbeu,
Et ly ché un monseu:

Il est tout dure d'argent,
En ni enten mi ren.
S'n'état est ben nommé,
L'mystère del ternité.

Y ni avos l'amoureux
Del fille du pocheu;
Me ché un maître drôle,
Qui s'est jué s'en rôle:
Y l'y donne rendez-vous,
A l'églige et partout.

Quand qu'il est tout prè d'elle,
Le sot li donne belle,
Il hante chelle fille,
Malgré tout se famille:
Il l'carresse en derriere
De sen père et de sen frère.

No curé set ben tout,
Mé il fé le basout,
Quan qui faudra parlé,
Il mouterra sen né:
Alors tous les parens
Véront qui faudra bien.

Est venu Dorothée,
D'un air tout épanté,

Querre monsieu Sauvage,
L'chirugien du village;
Disant : Guerzol se meure,
Y quervra tout-à-l'heure.

Je sus trop ben ichy,
Il morra ben sans my,
Men garchon l' seign'ra.
Tros, u quatre fos du bras :
S'il ly faut des lavemens,
Quertienne l'y donnera ben.

Je n'peux my faire affron,
Au maite del mason,
Si peu duré incore,
Demain jusqu'à l'aurore :
My et monsieur l'curé
Nous l'irons visité.

Le maite dit pourtant,
N'est-y point béto tems
De faire passé al ronde
Des billets à tout le monde;
Suivant l'usage pieu,
Faut faire el part à Dieu.

Vos pensez tertou ben
Répond monsieu Leuren,

Il a distribué
A chacun un billiet ;
Le lieutnen dit : Ma foi,
Ché no curé qui est roi.

Nos bon curé zéleu,
Prend un billet pour Dieu,
Il l'euvre, il le pourmire,
Ma foi y ni a point de quoi rire :
En vérité, pour le cot,
Ché l'Bon Dieu qui est l'sot.

Chel acciden m'débauche,
Follo l'faire roi au pauche,
Pourtant y n'y a point d'abu,
Il est sot de bon ju :
Pour réparé che tort,
J'dirai l'office des morts.

Oublions ches hors pos,
Querions tertout roi bot,
Nô curé est brave homme,
Relevera sen royaume :
Si chavo été Dieu,
Nous n'arimes rien eu.

LE BAUDET

ENGAGÉ SOLDAT,

CHANSON TOURQUENNOISE.

AIR : *Si t'est par dieu parole, si t'est par l'diale va t'en.*

MA fiche d'ven l'histoire
Brillent les Tourquennois ;
Je le dis à leu gloire,
Et ché avec bon droit :
Il arrive souvent
Qu'un atten des nouvelles,
Tourcoing princhipalement
Nous en fournit des bielles. *bis.*

Vous le savez assez
Y sont lourd en tout point,
Et l'histoire arrivé
Le prouve sans témoins :

Ché t'un sujet de rire,
A Lille et ses fourbour,
Et par entendre dire
Aux villages d'alentour. *bis.*

Un Tourquennois luron
Reniant ses anchettes,
Et sans pensé pu long
A renonchié aux brouettes;
Et sans s'embarrassé
D'avoir le goussé nette,
Sen vaillant a risqué
Pour avoir un bodé. *bis.*

Ché bodé faut tout dire
Etoit d'un grand corage:
Y étoit sans mentir
Arabié pour l'ouvrage,
Y ly venot ben à point
Pour porté des penniés;
A Lille et à Tourcoing,
Y alloit au marqué. *bis*

Un jour de merquedy
Jour pour ly ben tragique!
Comme y fageoit toudy
Querqué ben se bourique,

Pour s'en allé à Lille
Vendre sen courtillage,
Pour norir s'famille
Et soutenir s'en menage. *bis.*

A Lille y s'en va don
Y vende tout chuqu'y a;
Choux, carottes, oignons,
Salade, rémola;
Il y a ramassé
Unne trentaine de gros Jaques,
Qu'il a mis de côté
Deven l'poche de s'casaque. *bis.*

Il étoit tout fergu
D'unne telle rechette,
Dit: J'ai trop ben vendu
Y faut que j'fache emplette;
Mé devant men allé,
Di ty à sen bodé,
Y fora te loïé
Unne séchu chy tout pré. *bis.*

Digeant chela y le maine
L'l·ïé prés du grand garde,
L'y donne de l'avaine,
Dit comme chela te n'a warde,
Et puis part aussitôt
S'en va dessus l'placheite,

Aquaté des chabots,
Et unne paire de houzettes. *bis.*

Enfin les guernadier
L'ayant ben ravisé,
Ditent : Il a l'air guerrier,
Y nous faut l'engagier.
Awi, ventre tripalle,
Répond un de ches galiar,
Il est de bonne talle,
Cha fera un bon sodar. *bis.*

Et sans rien dire de pu
L'fette monté l'grand garde,
Enjolient men recru
D'un bonnet, d'unne cocarde;
Y foloit quervé d'rire
Tertous che moment,
Tarois dit qui était fière
De ses ajustemens. *bis.*

Entre tems ches sodars
Ont fait forte ripalle.
Car chétois des galiars
Qui n'étoient point de palle;
Com' s' n'engagement
Etoit de six florins,
Y ont bu fort gaîment
Al santé du martin. *bis.*

Ses affaires étant faite,
Mon homme vient su l'marqué,
Pour venir querre se biette
Uche qui l'avot laichié;
Mais ne le véant pu
A s'plache ordinaire,
Pensant qui étoit perdu,
A quemenchié à braire. *bis.*

Il l'apperchu enfin
Su l'grand garde posté:
Surpris del vir ensin
Si drolment ajusté,
Comme tout estomaquié
Jamé pu tel affaire,
Y avoit pau d'deux yeux,
Et l'wettioit l'bouque ouverte. *bis.*

Un ly vient dire soudain,
Tel l'ara aussitôt
Moyennant six florins,
Pour payé no écot.
Mi baillé six florins?
Répond le Tourquennois,
J'barois putôt six bruaines,
Wardel, mi je m'en vois. *bis.*

Puis encore rewettiant
S'en fidèle serviteur,

Y ly dit tout brayant,
Ta rachié ten malheur,
Puiche que t'ta engagié
De te propre volonté;
Mainge del vaque arragié
Tanque te soit matte assé. *bis.*

Les soldats ayant vu
Mun homme s'en allé,
Le bodé ont vendu
A chety qui l'a demandé;
Un homme d'un village
Point fort long de Tourcoing,
Pensant d'en faire usage,
La ramené aveu soin. *bis.*

Y n'savois point chel biette
Fort bien s'accoutumé
Aveuque sen dernier maite,
Au premier a retourné.
L' Tourquennois ébahi
Del vire revenir,
Quoi ly di ty aiche ty,
Veut tu bétôt courir. *bis.*

Si un venoit à savoir
Que t'est ichi revenu,
Un m'feroit enragié noir,
Et ty te seroit pendu:

Va, va dit s'femme ensin,
Mettons l' toudy drola ;
Si ches droles sont fins
Voiche que voiche un verra. *bis*

Che n'est point magement pensé,
Ly dit l'homme en fourfielle ;
Fajon l'toudi entré
Perdon-le puis qu'un a bielle,
Chety qui l'a ché l'pu fort
Comme j'ai entendu dire,
Et si nous avons tort
Qu'un tache de l'faire vire. *bis*.

L'autre dupe, en effet,
A venu à l'savoir
U étoit sen bodé,
A prétendu l'ravoir;
Sont entré en proché
Pour savoir qui l'ara,
Un vous dira après
Qui des deux l'emportera. *bis*.

LES AMOURS
DE
JANOT ET DE THÉRÈSE.

Chanson en patois de Lille.

AIR : *Chet une pitié d'être fille.*

L'AUT' jour, en passant par Lille,
J'ay ouï un drôle de discours;
D'un garchon et d'unne fille
Qui d'visoite de leus amours:
Mon Dieu qui m'ont fait rire,
J'en rirai pu d'un jour.

Y ly contoie à s'n'oreille
Qui le wettoie si volontiers;
Tous les fois que je m'réveille
Je songe à vous embracher,
Je m'en grate à m'n'oreille,
Me v'là encore trompé.

Le fille digeoit tout du même:
Jano, j'songe toudi à ti,
Je t'aime d'un amour extrême,

Si faurot j'morros pour ti:
Je ne suis pu à mi même,
J'suis comme fou après ti.

Quoi seroi-ti vrai Thérèse
Que te seroi si amoureuse de mi,
Je te vas faire unne promesse,
Que je ne m'en dédirai mi:
Dimainche après l' grand-messe
T' veneras juez aveu mi.

Si tes paroles sont chertaines,
Jano t'as gagné men cœur;
Si n'étoie point dans m'poitraine
Je te l'barroie tout achet'heure:
N'prend nen si haut t'n'haleine,
Te l'ara tout-à-l'heure.

Mé Théro cha porot se faire,
Me ché qu'cha vous ferot du ma
N'pourot ton point duch'men'faire
Un trau à vo n'estoma?
Fet tout chen qui faut faire
Et œuvre à men soula.

Allons Janno que j'avanche,
Pourquoi attende si longuement?

Men cœur fait douc douc den m'panche
Je ne saroit dire autrement !
Tout les corps et les manches.
Marions vitement.

Auparavant d'parler d'affaire,
T'en père est-il bien content ?
Te sçais bien que chet l'ordinaire,
Qu'en le demande à ses parents :
VVuidions vitement d'affaire,
Nous irons pu avent.

Janno à quoi vous songié,
Che n'est mi là l's'affaires men père !
Quand y s'a marié aveu m'mère,
Y n'ma mi d'mandé congié ;
Sans li j'ferai bien m'saffaires,
J'n'y suis mi obligié.

Et ti Janno fais tout du même,
Il n' t'es mi si près parent :
Si te mère n'seroie point s'femme
Y n' t'appartenroit mi de ren :
Après tout quand on aime,
Un père n'y fé ren.

RONDE LILLOISE.

En patois de Saint Sauveur.

Air connu.

Dieu te garde Marie,
Aime-tu bravement!
-- Awi, car tous les jours
Je devise à Clément! (*)
Eh allons dont ma mignonne
Eh allons dont gaiement.

Awi car tous les jours,
Je devise à Clément.
Et ty te n'amoureux
Se porte t'y fort bien?
Eh allons dont, etc.

...y, etc
...il est en France
...'inniaux d'argent,
...c.

... rimes en *ent* se
... comme *bien*

Le mien etc.
Y m'da envoyé un,
Le pu biau de tros chens
Eh allons dont, etc.

Y m'da envoyé etc,
En l'mettant den sen dogt,
Che biau inniau se fend.
Eh allons dont, etc.

En l'mettant, etc.
Ché tout comme unne fille,
Qui aime faussement.
Eh allons dont, etc.

Ché tout comme, etc.
Je n'parle point pour mi,
Car j'aime uniquement !
Eh allons dont, etc.

Je n'parle point, etc.
Et s'il étot drochi,
Je l'y ferot un présent.
Eh allons dont, etc.

Et s'il étot, etc.
D'un biau cœur amoureux,
Qui brûle constamment.
Eh allons dont, etc.

D'un biau etc.
Et s'y volot l'éteindre ,
Y set bien le moyen.
Eh allons dont , etc.

Et s'y volot, etc.
Il a un arozot ,
Qui vient de ses parens.
Eh allons, etc.

Il a un arozot , etc.
S'y volot le prêter ,
Il en ferot de l'argent.
Eh allons dont , etc.

Sy volot le prêter, etc.
De village en village ,
Et a tous ches couvens.
Eh allons dont,etc.

De village , etc.
Et à tout ches madames
Qui sont ichi présent.
Eh allons, etc.

HISTOIRE

DE

JEAN-QUERTOFFE BERDIN,

Fils de *Jacques*, jardinier des Ursulines de Tourcoing.

JACQUES BERDIN avoit deux enfans, fille et garçon, dont l'aînée, nommée *Marie-Joseph*, plantoit fort bien des carottes; le fils, *Jean Quertoffe*, annonçoit des talens supérieurs, et, à sept ans, il servoit déjà la messe comme un ange, ce qui le fit remarquer de toutes les religieuses Ursulines, et particulièrement de la mère prieure, qui engagea M. le directeur à prendre soin de l'éducation de *Quertoffe*.

A l'âge de 12 ans il savoit parfaitement parer l'église, plier les surplis, remettre la chasuble, l'étole et les burettes dans les armoires : en un mot, c'étoit le plus adroit sacristain de la chretienneté tourquennoise. *Quertoffe* faisoit l'admiration de toute la communauté, aussi chaque religieuse, à l'envie, lui prodiguoient-elles des douceurs comme s'il eut été le pater du couvent : on avoit une telle confiance en lui que l'entrée de la maison lui étoit accordée sans réserve : il n'en abusa pas ! *Quertoffe* envioit le sort de sa sœur, parce que, disoit-il, *si j'étô Mar' Josephe, je demandero à m'mère le permission de me faire Jupsuline.* Il conserva constamment du goût pour l'état religieux, et regrettoit souvent de ne pouvoir pas changer de sexe avec Marie-Joseph : il en prenoit un tel chagrin qu'un jour de ducasse on vît *Quertoffe* refuser de venir se mettre à table, malgré la réunion de la famille et des amis de son père ; on croyoit qu'il boudoit à cause qu'on lui avoit refusé ce jour-là la permission d'aller dîner aux Urselines, et cela parce que le père et la mère étoient glorieux de faire voir à la famille combien *Quertoffe* étoit bien *écollé*. Un de ses oncles, jardinier du château de H..., homme fort jovial et dont le bon sens égaloit les talens dans son art, va le trouver, le plaisante sur ce qu'il paroissoit préférer des religieuses à ses parens. *Quertoffe* lui répond ingénument: *Eh ben awi je veux têtre religieuse, u bien j'en morrai de changrin.* L'oncle de partir d'un éclat de rire et de lui dire: *Innochent êche que te peux être religieuse ? si c'hétoit prête au moins à la bonne heure.* --*Vous croyez*, lui dit *Quertoffe*? — *Sans doute que je le cros.*-- *Eh ben quement faire.*-- *Je me charge de te n'affaire, j'en parlerai à t'en père, qui t'enverra au Séminaire à Tournai, et avant* 3 *ans dichi te tra prête, te buvra*

RONDE LILLOISE.

En patois de Saint Sauveur.

Air connu.

DIEU te garde Marie,
Aime-tu bravement!
-- Awi, car tous les jours
Je devise à Clément! (*)
Eh allons dont ma mignonne
Eh allons dont gaiement.

Awi car tous les jours,
Je devise à Clément.
Et ty te n'amoureux
Se porte t'y fort bien?
Eh allons dont, etc.

Et ty, etc
Le mien il est en France
Qui fet de z'inniaux d'argent,
Et allons etc.

(*) Toutes les rimes en *ent* se prononcent en patois, comme *bien* et *moyen*.

Le mien etc.
Y m'da envoyé un,
Le pu biau de tros chens
Eh allons dont, etc.

Y m'da envoyé etc,
En l'mettant den sen dogt,
Che biau inniau se fend.
Eh allons dont, etc.

En l'mettant, etc.
Ché tout comme unne fille,
Qui aime faussement.
Eh allons dont, etc.

Ché tout comme, etc.
Je n'parle point pour mi,
Car j'aime uniquement !
Eh allons dont, etc.

Je n'parle point, etc.
Et s'il étot drochi,
Je l'y ferot un présent.
Eh allons dont, etc.

Et s'il étot, etc.
D'un biau cœur amoureux,
Qui brûle constamment.
Eh allons dont, etc.

D'un biau etc.
Et s'y volot l'éteindre ,
Y set bien le moyen.
Eh allons dont , etc.

Et s'y volot, etc.
Il a un arozot ,
Qui vient de ses parens.
Eh allons, etc.

Il a un arozot , etc.
S'y volot le prêter ,
Il en ferot de l'argent.
Eh allons dont , etc.

Sy volot le prêter, etc.
De village en village ,
Et a tous ches couvens.
Eh allons dont, etc.

De village , etc.
Et à tout ches madames
Qui sont ichi présent.
Eh allons, etc.

HISTOIRE
DE
JEAN-QUERTOFFE
BERDIN,

Fils de *Jacques*, jardinier des Ursulines de Tourcoing.

JACQUES BERDIN avoit deux enfans, fille et garçon, dont l'aînée, nommée *Marie-Joseph*, plantoit fort bien des carottes; le fils, *Jean Quertoffe*, annonçoit des talens supérieurs, et, à sept ans, il servoit déjà la messe comme un ange, ce qui le fit remarquer de toutes les religieuses Ursulines, et particulièrement de la mère prieure, qui engagea M. le directeur à prendre soin de l'éducation de *Quertoffe*.

A l'âge de 12 ans il savoit parfaitement parer l'église, plier les surplis, remettre la chasuble, l'étole et les burettes dans les armoires : en un mot, c'étoit le plus adroit sacristain de la chretienneté tourquennoise. *Quertoffe* faisoit l'admiration de toute la communauté, aussi chaque religieuse, à l'envie, lui prodiguoient-elles des douceurs comme s'il eut été le pater du couvent : on avoit une telle confiance en lui que l'entrée de la maison lui étoit accordée sans réserve : il n'en abusa pas ! *Quertoffe* envioit le sort de sa sœur, parce que, disoit-il, *si j'étô Mar' Josephe, je demandero à m'mère le permission de me faire Jupsuline.* Il conserva constamment du goût pour l'état religieux, et regrettoit souvent de ne pouvoir pas changer de sexe avec Marie-Joseph : il en prenoit un tel chagrin qu'un jour de ducasse on vit *Quertoffe* refuser de venir se mettre à table, malgré la réunion de la famille et des amis de son père ; on croyoit qu'il boudoit à cause qu'on lui avoit refusé ce jour-là la permission d'aller dîner aux Urselines, et cela parce que le père et la mère étoient glorieux de faire voir à la famille combien *Quertoffe* étoit bien *écollé*. Un de ses oncles, jardinier du château de H..., homme fort jovial et dont le bon sens égaloit les talens dans son art, va le trouver, le plaisante sur ce qu'il paroissoit préférer des religieuses à ses parens. *Quertoffe* lui répond ingénument: *Eh ben awi je veux têtre religieuse, u bien j'en morrai de changrin.* L'oncle de partir d'un éclat de rire et de lui dire: *Innochent èche que te peux être religieuse ? si c'hétoit prête au moins à la bonne heure.* --*Vous croyez*, lui dit *Quertoffe*? — *Sans doute que je le cros.*-- *Eh ben quement faire.*-- *Je me charge de te n'affaire, j'en parlerai à t'en père, qui t'enverra au Séminaire à Tournai, et avant* 3 *ans dichi te tra prête, te buvra du vin tous les jours, te gagneras de l'argent à canter et à pourmener, je te réponds que ten métier vaudra mieux que le men.* On fit bien la ducasse, *Quertoffe* fut fort gai, et le lendemain l'oncle détermina le père et la mère à lui donner de quoi partir pour le Séminaire : il n'attendit pas que la ducasse fut passée, quoiqu'il aima beaucoup la tarte, il partit pour Tournai le 26 juillet 17... A une lieue de là, il rencontra un de ses cousins, qui venoit à la ducasse et qui lui témoigna sa surprise de le voir sur la route ; *Quertoffe* l'informa du motif de son voyage et lui dit, que dans trois ans il seroit prêtre.--- *Quoi cousin, trois ans pour te faire prête ! y pense tu ? songe donc combien il t'en va coûter pendant che tems-là, et au bout de tout te n'tra incore qu'un prête de Tournai : puisque te veux absolument renonchié au métié de gardeinier, crois-me, va t'en à Paris, en moins de 3 mos t'en revenera savant et prête comme il n'y a en arn point deven Tourcoing.* *Quertoffe* sentit les raisons du cousin, revient avec lui, et dit à sa mère, surprise de le revoir, le motif de son retour. Le père et la mère goûtèrent fort les conseils du cousin; et, aussitôt la ducasse finie, on fit mettre dans un coffre tous les habits, linge, etc., nécessaire à *Quertoffe* pour faire le voyage de Paris; l'on mit surtout du linge pour 3 mois.-- Le père fit conduire sur une brouette le coffre à Lille. *Quertoffe* ne partit point sans aller faire ses adieux à toutes les religieuses Ursulines, et offrir ses services à quelques pensionnaires parisiennes que l'on avoit envoyées à Tourcoing pour apprendre la bienséance. L'une le chargea d'une lettre pour son cousin; l'autre lui en donna une de recommandation pour son père, et l'autre pour une cousine qui étoit la racommodeuse de dentelles de Mgr. l'Archevêque de Paris. Les Religieuses lui donnèrent des confitures et du pain de S.t Hubert pour le préserver de la rage : *Quertoffe* les embrassa toutes, en demandant qu'à son retour on lui donna la place de *noster* du couvent. La mère prieure lui promit qu'elle feroit tout ce qui dépendroit d'elle pour posséder un tel directeur dans le sein de la communauté. Il partit sur la charette du messager Jean-Bette, et vint coucher à l'Hôtel Bourbon, pour y prendre une place à la diligence de Paris : il partit le lendemain à 4 heures du matin ; la voiture étoit composée d'un capitaine de dragons, d'un receveur des fermes qui alloient à Paris, d'un capucin du couvent de Péronne, et d'une demoiselle dont on ignoroit l'état et la condition. On alla jusqu'à Douai, les uns dormant, les autres réfléchissant au motif de leur voyage. Ce ne fut qu'après avoir déjeuné qu'on commença à lier la conversation : le capitaine agaça la demoiselle ; le receveur des fermes réfléchissoit aux moyens qu'il employeroit auprès du directeur général qui le faisoit venir à Paris pour rendre compte de plusieurs fautes dont il étoit accusé. Le père capucin récitoit ses heures ; lorsqu'il eut fini , *Quertoffe* le pria de vouloir bien les lui prêter ; le capucin l'assura que ce livre ne l'amuseroit pas.--*Chela se peut*, *dit-il , mais je ne saro nen fâché pendant que je n'ai rien à faire à me mettre un petit causaite au faite du métié que je voi apprendre.* --Le capucin se fit expliquer ce qu'il entendoit par métier ? *Quertoffe* lui dit qu'il alloit à Paris pour apprendre à être prêtre. Le révérend père le tança d'une rude manière sur le mot métier , et lui dit : apprenez jeune homme que l'état ecclésiastique, le plus beau et le plus utile de tous les états, doit être révéré , et désormais ne vous servez plus de pareilles expressions. --*Quertoffe* s'excusa de son mieux et promit bien de ne plus dire rien qui puisse blesser les oreilles du révérend père. Le capitaine et la demoiselle, qui avoient observés le silence pendant la semonce du religieux, firent jaser *Quertoffe* : il entra avec eux dans tous les détails des motifs de son voyage. On arriva le soir à Péronne, on se mit à table, au dessert *Quertoffe* fit voir les lettres de recommandation qu'il avoit pour Paris ; la demoiselle remarqua, avec une surprise affectée, celle pour mademoiselle Sophie.....Quoi, dit-elle, une lettre pour Sophie.! *vous l' connichez*, lui dit *Quertoffe* ? Si je la connois, c'est ma meilleure amie; nous demeurons ensemble! Pendant ce temps MM. les commis étoient occupés à ouvrir tous les bagages, pour savoir s'ils ne renfermoient pas quelques livres de tabac ou d'autres objets prohibés et contre les ordonnances du Roi : le receveur des fermes même n'en fut pas exempt. On se remit en route : *Quertoffe* bénit le ciel d'une aussi heureuse rencontre; la demoiselle l'engagea beaucoup à ne pas loger ailleurs que chez elle; ce qu'il accepta avec toutes les expressions de la reconnaissance. On arrive à Paris, on prend un fiacre ou on mit le coffre dedans, fouette cocher, rue St.-Honoré, N°. 17; on descend chez mademoiselle Sophie qui n'étoit pas seule. Le Tourquenois remit la lettre à la prétendue cousine de la pensionnaire des Religieuses Ursulines, et pendant qu'il étoit extasié et admiroit les nombreuses ouvrières de la racommodeuse de dentelles de Mgr. l'Archevêque, la demoiselle de voyage mit sa camarade au fait, qui d'ailleurs le fut suffisamment après la lecture de la lettre. -- *Eh ben, mademoiselle Sophie, aiche ou que vous parlerez pour mi à Mgr. l'Archevêque, pour qui me fache prête d'ichi à* 3 *mos*.--Comment dans 3 mois? j'espère bien que vous ne serez pas 3 semaines sans être tondu et frisé en rond , ensuite 3 autres semaines pour endosser la soutane! *O mon dieu queu bonheur*!--Allons, Monsieur *Quertoffe* , vous allez souper avec nous , et comme vous devez être fatigué, vous vous coucherez de bonne heure, et demain je vous conduirai à l'Archevêché. On le régala bien , on le fit boire du vin de liqueur , dans lequel on avoit infusé six gros de jalap ; il en but copieusement , ensuite on le conduisit coucher dans un bel appartement : on lui dit que s'il avoit besoin de quelque chose, il n'avoit qu'à sonner : on avoit eu soin de retirer tout ce qui pouvoit lui servir en cas de besoin. Vers deux heures du matin il fut saisi d'une colique violente ; il tâte dans la table de nuit , il n'y trouve rien , il sonne ; personne ne vient : il court à la porte en pan-volant, elle est fermée au double tour ; il frappe, on vient comme si l'on étoit éveillé en sursaut. Eh bien, Monsieur, quel tapage?--

Mamezelle Sophie, uche quelle est le cambre! --- De qui la chambre? ou croyez vous être? --*Mademoizelle Sophie je n'en peu pu?* --Comment impertinent vous abusez de l'hospitalité. --- *Mi mamezelle? dépéchez-vous de m'ouvrir el porte, sans quoi je va quié su vot biau planquié chiré, che tra vot faute!*... En effet, à peine étoit-il sur l'escalier qu'il lâcha de quoi soulager sa colique, on le conduisit à la porte de derrière de la rue, qu'on referma en lui disant: Lorsque vous aurez fini, vous frapperez. Il se mit à son aise contre la muraille, quand il eut fini il frappa, mais personne ne vint lui ouvrir. Il commençoit à faire jour lorsqu'une femme, qui, le voyant dans cette état, lui en demanda la cause; il lui raconta comment il étoit logé chez la raccomodeuse de dentelles de Mgr., qu'en descendant dans la cour la porte s'étoit refermée sur lui, et que, depuis uneheure, il frappoit inutilement pour se la faire ouvrir. Cette femme lui dit qu'elle connoisoit mademoiselle Sophie, et qu'elle alloit frapper à sa porte de devant pour la lui faire ouvrir. Elle le pria, en attendant qu'elle revienne, de vouloir bien tenir un paquet qu'elle portoit dans ses bras, et la voilà qui part. Plus d'une grosse demi-heure s'étoit écoulée lorsque *Quertoffe*, pestant d'impatience, posa son paquet à terre ; quelle fut sa surprise d'entendre les cris d'un enfant nouveau né! c'étoit le paquet de la femme. Alors il se mit à crier toutes ses forces: *Mamezelle Sophie, mamezelle Sophie, venez donc vite m'ouvrir l' porte*, lorsque vint à passer un ecclésiastique qui alloit dire la première messe à St. Roch. Ce brave homme ne tarda pas à deviner que le trop crédule *Quertoffe* étoit victime de son extrême bonhomie; il frappa dans une maison du voisinage pour y déposer l'enfant et en prendre soin jusqu'à ce qu'il le fasse porter chez le commissaire du quartier et lui faire sa déclaration ; il s'occupa ensuite de conduire chez lui le Tourquenois , de lui donner une paire de culottes , des bas , des souliers , une vieille soutane et un bonnet carré. Tenez mon ami, voilà six francs. Retournez vous en à Tourcoing et renoncez à prendre un état pour lequel vous n'avez aucunes des connaissances requises. --- *Et men coffre ? m' n'argen , m' zhabits , je ne peux neu partir comme chela* ! --Croyez-moi , lui dit l'honnête ecclésiastique, renoncez-y;car,dans la supposition que vous parveniez à justifier l'escroquerie des femmes chez qui vous avez été loger imprudemment , ce qui sera difficile , vous vous exposeriez à vous faire baffouer et couvrir de honte. Retournez au plus vîte chez vos parens. *Quertoffe* souhaite le bon jour à son généreux bienfaiteur, qui lui donna un savoyard pour le conduire à la porte St.-Martin , et lui indiquer la route de Lille. —Son costume de prêtre, voyageant à pied, le fit remarquer sur la route ; un riche négociant de Cambrai, qui voyageoit avec sa voiture, l'interrogea ; le bon Tourquennois lui raconta sa mésaventure, il en prit pitié, le fit monter auprès de lui, et le ramena jusqu'à Cambrai : là, il remercia le négociant et s'achemina jusqu'à Lille, où il vint coucher au laboureur. Le lendemain il se remit en route pour Tourcoing.—*Marie-Joseph* sa sœur, étoit montée sur un arbre et occupée à cueillir des prunes, lorsqu'elle reconnut *Quertoffe*, malgré son changement de costume, —*Quoi*, dit Marie-Joseph, *te v'la déjà ! qu'eu bonheur ! te v'la déjà prêtre ! Mon dieu, comme chela va vîte à Paris.* — Et aussitôt elle court avertir le père, la mère et toute la communauté que *Quertoffe* étoit revenu prêtre de Paris. Le pauvre garçon ne partageoit pas l'allégresse de la famille. Il raconta, en pleurant, comment il avoit perdu son coffre et tout ce qu'il possédoit. La joie se changea en tristesse, et *Quertoffe* n'osa plus paroître dans Tourcoing, de peur d'être exposé à la risée de ses concitoyens.

FIN.

AIRS NOTÉS.

N.° 1.

N.° 2.
Allons y faut que je te marie.
N.° 3.
Ché le fil – le à Ma-rie

TABLE
DES CHANSONS
CONTENUES
Dans ce huitième Recueil.

FIN DE LA TABLE.

LILLE.—Imprimerie de VANACKERE fils, Libraire, place du Théâtre, N.° 10.

www.ingramcontent.com/pod-product-compliance
Ingram Content Group UK Ltd.
Pitfield, Milton Keynes, MK11 3LW, UK
UKHW021002180726
13838UKWH00003B/1423